무왕은 왕권 다툼으로
어지러워진 백제를 안정시켜 나갔어요.
무왕의 아들 의자왕은 정치적 안정을
바탕으로 왕권을 더욱 강화하는 정책을 폈으나
귀족들의 반발로 백제의 내분이 깊어졌어요.
이 틈을 놓치지 않고 나·당 연합군이
백제로 쳐들어왔어요.
어떻게 백제가 사비성을 내주고 역사 속으로
사라졌는지 한번 들여다볼까요?

추천 감수 박현숙 (고대사)
고려대학교 사범대학 역사교육과를 졸업하고 동 대학원에서 문학박사 학위를 받았습니다. 현재 고려대학교 사범대학 역사교육과 교수로 재직 중이며, 백제 문화와 고대 인물사 등에 대한 활발한 연구를 계속하고 있습니다. 쓴 책으로 〈백제의 중앙과 지방〉, 〈한국사의 재조명〉 등이 있습니다.

추천 감수 정구복 (고려사·조선사)
서울대학교 사범대학 역사교육과를 졸업하고 서강대학교에서 문학박사 학위를 받았습니다. 한국학중앙연구원 한국학대학원의 교수로 재직 중이며, 한국학중앙연구원 한국학대학원 원장을 역임하였습니다. 쓴 책으로 〈한국인의 역사 의식〉, 〈역주 삼국사기〉, 〈한국 중세 사학사 1, 2〉 등이 있습니다.

추천 감수 김한종 (근현대사)
서울대학교 사범대학 역사교육과를 졸업하고 동 대학원에서 역사교육을 전공하여 문학박사 학위를 받았습니다. 현재 한국교원대학교 교수로 재직 중입니다. 쓴 책으로 〈역사 교육 과정과 교과서 연구〉, 〈역사 교육의 내용과 방법〉(공저), 〈한·중·일 3국의 근대사 인식과 역사 교육〉(공저), 〈역사 교육과 역사 인식〉(공저) 등이 있습니다.

고증 문중양 (과학사)
서울대학교 계산통계학과를 졸업하고 동 대학원에서 이학박사 학위를 받았습니다. 쓴 책으로 〈우리 역사 과학 기행〉, 〈우리의 과학문화재〉(공저), 〈세종의 국가 경영〉(공저) 등이 있습니다.

고증 정연식 (생활사 및 복식)
서울대학교 국사학과를 졸업하고 동 대학원에서 문학박사 학위를 받았습니다. 쓴 책으로 〈조선 시대 사람들은 어떻게 살았을까?〉(공저), 〈일상으로 본 조선 시대 이야기 1, 2〉 등이 있습니다.

글 박영규
1996년 밀리언셀러 〈한권으로 읽는 조선왕조실록〉을 출간한 이후 〈한권으로 읽는 고려왕조실록〉, 〈한권으로 읽는 백제왕조실록〉, 〈한권으로 읽는 신라왕조실록〉 등 '한권으로 읽는 역사 시리즈'를 펴내면서 쉽고 재미있는 역사책 읽기의 바람을 일으켰습니다. 그 외에도 〈교양으로 읽는 한국사〉 등의 많은 역사책을 썼습니다.

그림 박동국
계명대학교 미술대학 서양화과를 졸업하고 현재 프리랜서 일러스트레이터로 활동 중입니다. 그린 책으로 〈경복궁에서의 왕의 하루〉, 〈새와 친구하기〉, 〈그래 그래 고구려〉, 〈배움을 사랑하는 우리 민족〉 등이 있습니다.

이미지 제공
연합포토, 중앙포토, 국립중앙박물관, 국립부여박물관, 국립경주박물관, 국립민속박물관, 유연태(사진작가), 허용선(사진작가)

광개토 대왕 이야기 한국사 ㉑ 백제
백제, 사비에서 무너지다

총기획 및 발행인 박연환
발행처 (주)한국헤르만헤세
출판등록 제17-354호
연구개발원 경기도 성남시 분당구 금곡동 444-148
대표전화 (031)715-7722
팩스 (031)786-1100
본사 서울시 송파구 석촌동 7-3
대표전화 (02)470-7722
팩스 (02)470-8338
고객문의 080-715-7722
편집 임미옥, 백영민, 윤현주, 지수진, 최영란
디자인 장월영, 주문배, 김덕준, 김지은

ⓒ Korea Hermannhesse

이 책의 저작권은 (주)한국헤르만헤세에 있습니다. 본사의 동의나 허락 없이는 어떠한 방법으로도 내용이나 그림을 사용할 수 없습니다.

△ 주의 : 본 교재를 던지거나 떨어뜨리면 다칠 우려가 있으니 주의하십시오.
고온 다습한 장소나 직사광선이 닿는 장소에는 보관을 피해 주십시오.

이 책의 표지는 일반 용지보다 1.5배 이상 고가의 고급 용지인 드라이보드지를 사용해 제작하였습니다. 표지를 드라이보드지로 제작하면 습기의 영향을 덜 받기 때문에 본문 용지가 잘 울지 않고, 모양이 뒤틀리지 않아 책을 오랫동안 보존할 수 있습니다.

이 책은 기존의 석유 잉크 대신 친환경 식물성 원료인 대두유 잉크를 사용하여 인쇄하였습니다. 대두유 잉크는 선진국에서 널리 사용하고 있는 고가의 대체 잉크로, 휘발성이 적어 인쇄 상태의 보존이 용이하고, 인체에 무해할 뿐만 아니라 눈에 부담을 주지 않는 자연스러운 색을 내는 특징이 있습니다.

이야기 한국사 광개토대왕 21 ★ 백제

백제, 사비에서 무너지다

감수 박현숙 | 글 박영규 | 그림 박동국

한국헤르만헤세

불교로 왕권을 강화하고자 한 법왕

살생을 금지하여 죄를 씻으려 하다

598년, 혜왕은 아좌 태자를 죽이고 위덕왕의 뒤를 이어 왕이 되었어요.
하지만 1년을 넘기지 못하고 세상을 떠났지요.
그러자 혜왕의 맏아들 법왕이 왕위에 올랐어요.
법왕의 이름은 선 또는 효순이라고 해요.

법왕은 아버지를 도와 아좌 태자를 죽인 것에 대한 죄책감이 컸어요.
'백성들이 믿고 따르던 아좌 태자를 죽이고
왕위에 올랐으니, 모두 나를 쉽게 따르지
않을 거야.
하지만 내가 앞장서 부처의
가르침을 따르면, 언젠가는 나를
왕으로 인정하고 섬기겠지.'

▲ 왕흥사 터에서 발견된 금, 은, 동 사리함

법왕은 백성들에게 모든 살생을 금하라는 명령을 내렸어요.
"짐승을 사냥하는 도구와 물고기를 잡는 도구를 모두 불태워 없애라.
사냥용으로 키우는 매도 다 놓아주어라!"
법왕은 불교의 가르침을 통해 자신의 죄를 씻고 싶었어요.
그런데 법왕은 자신의 죄를 씻으려는 것 말고 또 다른 이유도 있었어요.
'신라에게 한강 유역을 빼앗긴 후 중국과의 무역이 힘들어져 백성들의
살림이 어려워지고 있어. 그런데 귀족들은 자신들의 이익을 위해
싸우기만 하고 있으니 정말 큰일이군.
왕권을 강화시켜 귀족들이 내 말을 따르게 하려면,
불교를 통해 백성의 힘을 하나로 모아야 돼.'
하지만 법왕의 뜻대로 되지 않았어요.
600년 5월, 법왕은 왕위에 오른 지 다섯 달 만에 반대하는 세력의 손에
죽고 말았어요. 법왕이 죽자 위덕왕의 아들인 무왕이 왕위를 이었어요.

백제를 마지막으로 일으켜 세운 무왕

마 캐는 아이가 숨어 살다

무왕은 위덕왕의 아들로 이름은 장이에요.
혜왕과 법왕이 각각 1년 만에 세상을 떠나자,
신하들은 위덕왕의 아들인 장을 제30대 왕으로 세웠어요.
장은 왕이 되기 전까지 깊은 산골에서 어머니와 함께 숨어 살았어요.
자신이 왕자인 것도 모른 채 마를 캐며 지냈지요.
그래서 사람들은 장을 '마를 캐는 아이'라는 뜻으로
'서동'이라고 불렀어요.
장은 해진 옷을 입고 초라한 집에 살았지만, 어머니에 대한
효심이 지극했어요.
마을 사람들은 효심 깊은 장을 자주 칭찬했어요.
"장은 참 좋은 아이야. 홀로 된 어머니에게 그렇게 잘할 수가 없어."
"머리도 어찌나 영리한지 하나를 가르쳐 주면 열을 안다니까!"
"그러게, 마를 캐며 살기에는 아주 아까운 아이지."
총명하고 영리한 장은 산골에서 벗어나 큰 마을로 나가 돈을 벌고
싶어 했어요. 그런데 어찌 된 일이지 어머니가 한사코 말렸어요.
어느덧 시간이 흘러 장은 어엿한 청년으로 자랐어요.

그러자 어머니가 장을 조용히 불러 이야기했어요.

"장아, 사실 너에게는 백제 왕실의 피가 흐르고 있단다."

장은 어머니의 말을 듣고 충격을 받았어요.

자신의 아버지는 위덕왕이고, 죽은 아좌 태자가 형이래요.

아버지를 배신한 숙부를 피해 깊은 산골에 숨어 살았다는 거예요.

"어머니, 제가 꼭 돌아가신 아버지와 형님의 한을 풀어 드리겠습니다."

선화 공주를 사랑한 서동의 노래

하루는 장이 마을을 돌아다니며 마를 팔다 우연히 동네 아낙네들의
이야기를 듣게 되었어요.
"신라의 공주님이 그렇게 아름답다며? 글쎄 한 번 보면
절대 잊을 수 없을 정도래."
"맞아, 어찌나 아름다운지 내로라하는 집안의 남자들이
공주님과 결혼하고 싶어 안달이 났다고 하네."
장은 귀를 쫑긋 세우고 이야기를 들었어요.
'도대체 얼마나 아름답기에 이 시골까지 소문이 퍼진 것일까!'
장은 궁금증을 참지 못하고 아낙네들에게 가서 물었어요.
"이보시오, 그 공주님 이름이 뭐요?"
"선화 공주님이라고 합디다.
왜요, 서라벌로 가서 공주님 얼굴이라도 한번 보게요?"
아낙네들이 까르르 웃으며 말했어요.
장은 말없이 싱긋 웃기만 했지요.
'그렇소, 얼마나 예쁜지 내 눈으로 직접 보겠소.'
장은 이렇게 생각하고 서라벌로 떠났어요.
마를 팔아 번 돈과 짚신 몇 켤레만 달랑 들고
선화 공주를 만나러 간 거예요.

장은 기세 좋게 서라벌로 왔지만 막막하기만 했어요.

'아, 서라벌로 오긴 왔지만 어떻게 선화 공주님을 만나지?'

장은 길 한쪽에 주저앉아 선화 공주를 만날 방법에 대해서 생각했어요.

'나 같은 가난뱅이 서동이 공주님을 만날 방법이라……'

그때 어린아이들이 노래를 부르며 지나갔어요.

장은 순간 눈을 번쩍 뜨며 무릎을 쳤어요.

"그렇지, 바로 그거야!"

장은 아이들에게 마를 주며 말했어요.
"애들아, 이 마를 먹고 내 부탁 좀 들어줄래?"
아이들은 마를 공짜로 준다고 하자 좋아서 말했어요.
"네, 말씀만 하세요!"
"내가 말이다, 너희들에게 노래 하나를 가르쳐 줄게. 너희들은 그냥
그 노래를 부르며 여기저기 놀러 다니면 돼."
아이들은 장이 준 마를 실컷 먹고 노래를 배웠어요.
그리고 장에게서 배운 노래를 부르며 서라벌 구석구석을 돌아다녔어요.

선화 공주님은
남몰래 시집을 가서
밤마다 몰래 서동의 방을 찾아가
서동을 품에 안고 잔다네.

곧 서라벌에는 이 노래를 모르는 사람이 없을 정도로 퍼졌어요.
마침내 신라의 진평왕도 이 노래를 알게 되었지요.
화가 머리끝까지 난 진평왕은 선화 공주를 불러 혼을 냈어요.
"공주로서 몸가짐을 바르게 하지 않고, 함부로 남자를 만나다니
용서할 수 없다. 너는 지금부터 이 나라의 공주가 아니다!"
선화 공주는 절대로 사실이 아니라고 말했지만 통하지 않았어요.
결국 선화 공주는 궁에서 쫓겨났어요.

그러자 왕비는 선화 공주에게 순금 한 말을 몰래 주었어요.
"시간이 지나면 아바마마의 화도 풀리실 테니,
그때까지 몸조심하거라.
그리고 이 금은 필요할 때마다 조금씩 꺼내 쓰도록 해라."
장은 서라벌을 떠나는 선화 공주를 멀리서 지켜보고 있었어요.
'아이들에게 노래를 가르쳐 소문을 퍼뜨린 방법이 통했어.
이제 선화 공주님을 만나러 가야겠다.'
태어나서 처음 궁 밖으로 나온 선화 공주는 모든 것이 낯설었어요.
산짐승이 나타나 해칠 것만 같아 두려웠지요.
그때 장이 나타나 정중하게 말했어요.

넌 이제 신라의 공주가 아니다. 당장 궁을 떠나거라!

흐흑~ 아바마마, 저는 억울합니다.

"선화 공주님이 아니십니까? 공주님 같은 분이 위험한 길을
혼자 다닐 수는 없습니다. 제가 공주님을 모시겠습니다."
모든 것이 두려웠던 선화 공주는 장에게 의지하며 길을 떠났어요.
선화 공주는 차츰 시간이 지나면서 가난하지만 총명하고 영리한 장이
마음에 들었어요.
장은 선화 공주가 좋아질수록 마음이 편치 않았어요.
결국 장은 사실을 털어놓았지요.
"아름다운 공주님의 얼굴을 보기 위해 제가 노래를 지어 퍼뜨렸습니다.
용서해 주십시오."
선화 공주는 장을 탓하거나 화를 내지 않았어요.
"그 노래가 우리를 이어 주었군요. 그대와 나는 하늘이 내린
인연인가 봅니다."
얼마 후 선화 공주와 장은 혼인을 했어요. 선화 공주는 가난한 장의
살림에 보태기 위해 가지고 있던 황금을 내놓았어요.
"어마마마께서 제게 주신 황금입니다."
장은 황금을 보고 깜짝 놀랐어요.
"이런 돌은 내가 어릴 적 놀던 곳에 가면 산더미처럼 쌓여 있어요."
선화 공주와 장은 황금이 있는 곳을 서둘러 찾아갔어요.
장의 말대로 황금이 산더미처럼 쌓여 있었어요.
"이렇게 많은 황금이라면 아버님의 노여움도 풀 수 있을 것입니다."

"하지만 이 많은 걸 어떻게 서라벌로 옮긴단 말이오?"
선화 공주와 장은 용화산 사자사라는 절에 있는 지명 스님에게
부탁했어요. 지명 스님은 신비한 힘을 빌려 하룻밤 사이에
많은 금을 서라벌 궁까지 옮겨 주었지요.
이튿날 아침, 진평왕은 궁 마당에 산더미처럼 쌓여 있는 금을 보았어요.
그리고 그것이 선화 공주와 장이 보낸 것이라는 걸 알았어요.
진평왕은 노여움을 풀고 장을 사위로 인정해 주었어요.
이 재미있는 이야기는 〈삼국유사〉에 실려 있어요.

계속해서 신라를 공격하다

당시 백제의 귀족들과 신하들은 나랏일은 돌보지 않고 권력 다툼만
벌이고 있었어요. 무왕은 왕위에 오르자마자 그들을 화해시켰어요.
"백성들을 잘 보살피는 것이 무엇보다 중요한 일이오.
신하는 신하된 도리를 다하고 왕은 왕의 도리를 다해야 할 것이오."
무왕은 백성들을 일일이 찾아가 격려하고 힘을 북돋아 주었어요.

"우리 모두 힘을 합쳐 백제를 다시 일으킵시다!"

무왕의 지도력으로 백제는 점점 안정을 찾았어요.
창고에는 곡식이 넘쳐 났어요. 군사들도 열심히 무예를 닦고,
부서진 성을 수리하고 싸움에 대비했어요.
나라가 안정되자 무왕은 잠시 접어 두었던 꿈을 펼치기로 했어요.
"빼앗긴 땅을 되찾아야겠다. 한강 유역을 되찾지 않으면
우리는 영원히 대륙으로 나갈 수 없을 것이다."

602년, 무왕은 장수 해수를 불러 명령을 내렸어요.
"그대는 즉시 군사들을 이끌고 아모산성으로 가라. 아모산성만 무너뜨리면 신라의 다른 성들도 손쉽게 되찾을 수 있을 것이다."
백제 군사들은 신라를 공격하라는 명령에 사기가 하늘을 찌를 듯했어요.
"신라 이놈들아, 배신자의 최후가 어떤지 보여 주겠다!"
하지만 아모산성을 지키는 신라군도 만만치 않았어요.
백제 군사들의 거센 공격에도 무너지지 않고 끈질기게 버텼어요.
게다가 얼마 지나지 않아 신라의 지원군까지 도착했지요.

말을 타고 온 수천의 신라군이 백제군의 뒤를 공격했어요.
"앞뒤로 신라군의 공격을 받으니 우리가 불리하다. 후퇴하자!"
그러나 진평왕은 아모산성을 지키는 데에 만족하지 않았어요.
내친 김에 백제 땅으로 밀고 들어왔어요.
"신라군이 더 이상 들어오지 못하도록 막아라!"
무왕은 미리 준비해 두었던 4만 명의 군사로 신라군을 막아 냈어요.
이후 백제와 신라는 몇 차례 더 서로 공격을 주고받았어요.
하지만 어느 누가 승자라고 할 수 없이 전쟁은 끝나고 말았어요.
한편 603년 8월, 고구려가 신라 땅에 있는 북한산성을 공격했어요.
"결국 고구려가 동맹을 깨는군. 내가 직접 물리치겠다."
진평왕은 치열한 전투 끝에 고구려군을 북한산성에서 몰아냈어요.
신라 공격에 실패한 고구려군은 607년에는 백제의 송산성을
공격했어요.
백제는 간신히 고구려군을 막아 냈지만 포로 3,000명을
고구려에 보내야 했어요. 백제, 신라, 고구려는
더 이상 동맹을 맺지 않았어요.
오직 한강 유역을 차지하기 위해
치열한 싸움만 벌였지요.

그 무렵, 중국을 통일한 수나라 왕 양제는 어떻게 해서든지
고구려의 넓은 땅을 차지하고 싶었어요.
"고구려를 그냥 두고는 도저히 두 발을 뻗고 잘 수 없구나."
수 양제는 고구려와의 전쟁에 필요한 식량과 무기를 실어 나르기 위해
국토를 정비하고 돌궐을 위협해 자기편으로 만들었지요.

그러고는 고구려에는 신하의 나라가 되라고 억눌렀어요.

하지만 고구려는 콧방귀를 뀔 뿐, 수나라에 굴복하지 않았지요.

"고구려의 매운맛을 보여 줘야 정신을 차리겠군!"

무왕은 고구려와 수나라 사이가 심상치 않자 수나라에 사신을 보냈어요.

"백제가 수나라의 힘이 되겠습니다."

하지만 무왕이 수나라에 사신을 보낸 것은 일종의 속임수였어요.

백제의 관심이 고구려에게 있는 것처럼 보여 신라를 안심시키고,

신라가 마음을 놓고 있는 사이에 성을 빼앗을 계획이었던 거예요.

"지금 신라는 고구려의 눈치를 살피느라 정신이 없다.

이런 때 신라를 공격한다면 손쉽게 성을 빼앗을 수 있을 것이다."

611년 10월, 무왕은 신라의 가잠성을 공격했어요.

무왕의 말대로 성을 무너뜨리는 데는 많은 시간이 걸리지 않았어요.

어? 백제가 수나라와 손을 잡은 거야?

글쎄… 다음 내용을 더 읽어 봐야 알겠는데~.

한편, 612년 수나라는 113만 병력을 이끌고 고구려로 쳐들어왔어요.
그러나 무왕은 수나라를 돕지 않고 전쟁 상황을 지켜보았어요.
'수나라는 운하를 건설하고 군사를 훈련시키느라 나라가 휘청거릴
정도다. 생각보다 수나라가 빨리 망할지도 모르겠군.'
실제로 양제는 고구려를 세 차례나 침략했지만 단 한 번도 승리한 적이
없었어요. 결국 수나라는 전쟁으로 인한 국력 낭비와 반란으로 중국을
통일한 지 30여 년 만인 618년에 멸망하고 말았어요.
그 뒤를 이어 당나라가 들어섰어요.
드디어 무왕은 백제의 모든 힘을 모아 신라를 공격하기로 했어요.
이 소식을 들은 진평왕은 서둘러 당나라에 사신을 보내
도움을 요청했어요.

▲ 무왕의 탄생 이야기를 담고 있는 궁남지 포룡정

당 태종은 백제와 신라의 사신을 한자리에 불러 말했어요.

"백제는 신라 공격을 중지하시오. 그리고 앞으로 백제와 신라는 전쟁을 벌이지 말고 평화롭게 지내도록 하시오."

무왕은 사신을 통해 당 태종의 말을 전해 들었어요.

"당 태종에게는 신라를 공격하지 않겠다고 전하라. 하지만 백제의 부흥을 위해서는 반드시 신라를 무너뜨려야 한다. 공격을 멈추지 말아라!"

무왕은 633년에 서곡성을 함락시킨 후, 636년에는 독산성으로 쳐들어갔어요.

하지만 신라군의 완강한 저항으로 독산성은 함락시키지 못했지요.

'전쟁 때문에 백성들의 삶이 어려워지고 있다. 이쯤에서 전쟁을 멈추고 백성들을 돌보아야겠다.'

어릴 적에 마를 캐는 아이로 살았던 무왕은 백성의 어려움을 누구보다 잘 알았어요. 그래서 백성들의 살림이 넉넉해지도록 노력했어요.

또 뛰어난 외교 전략을 발휘해 신라에 빼앗긴 땅을 되찾아 백제의 영토를 넓혔어요. 미륵사에 석탑을 세우는 등 불교 문화 발전에도 힘을 쏟았어요.

▲ 백제 무왕 때 세워진 미륵사지 석탑

백제의 마지막 왕, 의자왕

의롭고 자애로운 왕

의자왕은 무왕의 맏아들로 641년에 왕위에 올랐어요.
사람들은 의자왕을 중국의 현인인 증자가 다시 살아난 것 같다고 하여 '해동 증자'라고 불렀어요.
그만큼 백성들의 사랑과 신뢰를 얻었던 거예요.
의자왕 또한 백제의 옛 땅을 되찾기 위해 모든 노력을 다했어요.
마침내 642년 7월, 의자왕은 군사들을 이끌고 신라로 쳐들어갔어요. 의자왕은 단 한 번도 지지 않고 신라의 대야성까지 빼앗았어요.
대야성을 빼앗긴 신라는 무척 걱정이 되었어요.
"이제 서라벌의 안전도 장담할 수 없습니다."
선덕 여왕은 급히 김춘추를 불렀어요.
"요새 중의 요새인 대야성을 빼앗겼으니 정말 큰일이오. 그러니 그대가 고구려로 가서 도움을 청하시오."
김춘추는 선덕 여왕의 명령에 따라 고구려로 향했어요.
그러나 김춘추의 발걸음은 무거웠어요.

'사이가 좋지 않은 고구려이니, 내 목숨까지 위험해질 수 있겠구나. 하지만 나라를 위해서라면 반드시 도움을 받아 내야 한다.'

김춘추는 신라를 위해서 목숨을 던질 각오로 연개소문을 만났어요.

"백제가 우리 신라를 위협하고 있습니다. 백제는 얼마 전에도 수나라 편에 서서 고구려를 공격하려 들지 않았습니까? 부디 이번 기회에 신라와 힘을 합쳐 백제에 복수하시기 바랍니다."

연개소문은 김춘추의 말을 듣고 고개를 가로저었어요.

음…, 속는 셈 치고 보내 줘야겠군.

저를 믿고 신라로 돌려보내 주십시오.

"너희 신라도 우리를 배신하고 뒤에서 공격한 적이 있지 않은가?"
만약 신라가 가로챈 고구려 땅을 되돌려 준다면 한번 생각해 보겠소."
김춘추는 연개소문의 제안을 듣고 크게 당황했어요.
자신의 힘으로 해결할 수 없는 제안이었지요.
연개소문은 제안을 받아들이지 않은 김춘추를 감옥에 가두었어요.
김춘추는 이대로 죽을 수 없다는 생각에 한 가지 꾀를 냈어요.
"제가 신라로 돌아가게 되면 반드시 왕을 설득해서
그 땅을 돌려드리겠습니다."
연개소문은 이 말을 믿지 않았지만 김춘추를 계속 붙잡아 두는 것도
부담스러워 신라로 돌려보내 주었어요. 물론 김춘추는 그 약속을 지키지
않았지요. 한편 백제의 의자왕 또한 고구려와 손을 잡고 싶어 했어요.
고구려와 힘을 합친다면 신라를 쉽게 무너뜨릴 수 있다는 생각이었어요.

▲ 신라와 백제의 치열한 싸움터였던 경남 합천의 대야성

의자왕은 성충을 고구려로 보내 연개소문을 만나게 했어요.
"당나라와 전쟁을 할 생각이라면 우리 백제와 손을 잡아야 합니다."
"왜 우리가 백제와 손을 잡아야 하는가?"

"우리 백제는 당나라와 바다를 사이에 두고 마주 보고 있습니다.
고구려가 우릴 버린다면 우린 당연히 당나라와 손을 잡을 것입니다."
연개소문은 성충의 말에 화가 났지만 그의 말대로
당나라와 백제를 적으로 만들 수는 없었어요.
'음, 신라보다 백제와 손을 잡는 것이 더 이득이겠군.'
"좋소, 지금부터 고구려는 백제와 손을 잡을 것이오!"
의자왕은 고구려의 약속을 믿고 신라를 마음 놓고 공격했어요.
그러자 신라는 당나라에 도움을 요청했어요.
당 태종은 백제와 고구려에 사신을 보내 신라를 공격하지 말라고 했어요.
백제는 당 태종의 말을 들었지만 고구려는 끝까지 버텼어요.
"우리 고구려가 당나라를 무서워할 것 같으냐!"
화가 난 당 태종은 645년에 10만 대군을 이끌고
고구려로 쳐들어왔어요.

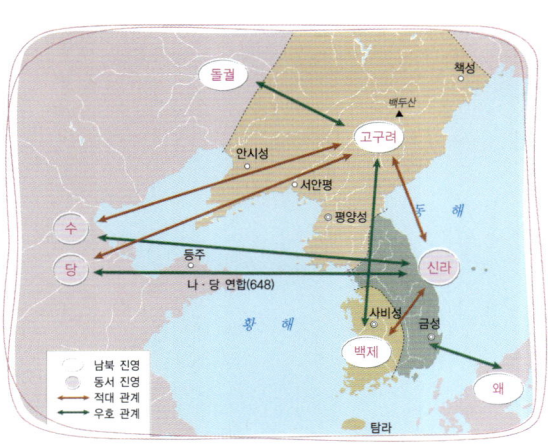

▲ 7세기 무렵 삼국의 외교 관계

백제는 고구려와 당나라가 싸우는 틈을 이용해 신라를 계속 몰아붙였어요. 655년 1월에는 고구려, 말갈과 힘을 합쳐 33개의 신라 성을 무너뜨렸지요.

승리에 취한 의자왕과 충신 성충

의자왕은 승리에 취해 우쭐거렸어요.
"이제 신라는 우리에게 꼼짝도 못할 것이다. 승리를 맘껏 즐겨라!"
의자왕은 매일같이 신하들과 승리 잔치를 열었어요. 또한 왕궁 남쪽에 망해정이라는 정자를 세우는 등 큰 공사를 자주 벌였어요.
"너무 작다. 위대한 백제답게 더 크고 넓게 지어라!"
성충은 나랏일을 소홀히 하는 의자왕을 찾아가 바른말을 아뢰었어요.
"폐하, 우리가 승리한 것은 사실이지만, 작은 승리일 뿐입니다. 과거 대륙을 지배하던 백제의 영광에는 미치지 못하는 것입니다."

▲ 판갑옷

다른 신하들은 의자왕의 눈치를 보며 오히려 성충을 나무랐어요.
"감히 폐하를 욕보이다니! 저런 건방진 자는 감옥에 가둬야 합니다."
"성충을 당장 감옥에 가두어야 폐하의 위엄이 살 것입니다."
의자왕은 결국 바른말하는 성충을 감옥에 가두어 버렸어요.

성충은 백제에 대한 걱정으로 감옥에서 먹지도 못하고 잠도 자지 못했어요. 656년, 성충은 마지막으로 의자왕에게 충언을 남기고 세상을 떠났어요.
"폐하, 백제의 운이 기울고 있습니다. 머지않아 신라가 당나라와 힘을 합쳐 백제에 쳐들어올 것입니다. 당나라군은 백강 입구에서 막으시고, 신라군은 탄현에서 막으시옵소서."
하지만 의자왕은 성충의 마지막 충언마저 듣지 않았어요.
659년부터 백제의 앞날을 예고하듯 괴이한 일이 많이 일어났어요.
이때의 일을 〈삼국사기〉는 다음과 같이 기록하고 있어요.

▲ 백제의 충신인 성충, 흥수, 계백을 기리기 위해 세운 삼충사

여우 여러 마리가 궁중으로 들어왔는데, 그중 흰 여우 한 마리가 상좌평의 책상에 올라가 한참을 앉아 있었다.
여자의 시체가 바닷가로 떠올랐는데, 길이가 18척이었다.
사비하에서 사람보다 더 큰 물고기가 강가로 나와 죽었다.
태자 궁의 암탉이 작은 참새와 짝짓기를 했다.
도읍의 우물물이 모두 핏빛으로 변했다.
서해에서 작은 물고기들이 뭍으로 나와 죽었다. 그 수가 얼마나 많던지, 바닷가 백성들이 다 먹을 수 없을 정도였다.
귀신 하나가 궁궐에 들어와 "백제가 망한다, 백제가 망한다."라고 크게 외치다 땅으로 들어갔다.

의자왕은 귀신이 '백제가 망한다.'라고 외친 후 들어갔다는
자리를 파게 했어요. 그곳에서 거북이 한 마리가 나왔는데,
거북 등에 이런 글자가 적혀 있었어요.
'백제는 둥근달, 신라는 초승달.'
의자왕은 유명한 무당을 불러 뜻을 풀이하게 했어요.
그러자 무당은 슬픈 표정으로 말했어요.
"둥근달은 언젠가는 기웁니다. 하지만 초승달은 날이
갈수록 차오릅니다. 이는 백제는 망하고 신라가 큰 힘을
얻게 된다는 뜻입니다."
의자왕은 불같이 화를 냈어요.
"뭐라? 여봐라, 저 엉터리 무당의 목을 베어라!"
의자왕은 백제가 망한다는 말을 받아들일 수 없었어요.
무왕 이후 백제의 힘이 점점 강해져 이제는 제법
옛 영광을 다시 찾은 듯 보였으니까요.
의자왕은 다른 무당을 불러 뜻을 풀어 보라고 했어요.
두 번째로 온 무당은 앞의 무당이 바른 뜻을 말했다가
목숨을 잃은 사실을 알고, 다르게 풀이했어요.
"둥근달은 기운이 세다는 뜻이고, 초승달은 약하다는
뜻입니다. 백제는 강하고 신라는 곧 망할 것입니다."
의자왕은 비로소 고개를 끄덕이며 만족해했어요.

한편 신라에서는 태종 무열왕(김춘추)과 당나라 장수 소정방이 은밀하게 만났어요.
태종 무열왕은 소정방에게 말했어요.
"백제는 지금 한마디로 종이호랑이입니다. 아무런 힘이 없으니, 지금 백제를 공격하면 반드시 무너질 것입니다."
"좋습니다. 그럼 신라와 함께 백제를 공격합시다."
660년 6월, 소정방은 13만 군사를 이끌고 백제에 쳐들어갔어요.
태종 무열왕은 부하들에게 당나라군이 어디쯤 왔는지 물었어요.
"현재 당나라군은 기벌포로 향하는 중이라고 합니다."
"좋다, 그럼 우리도 지금 당장 사비성으로 진격한다!"
태종 무열왕은 5만 군사를 이끌고 백제의 사비성으로 향했어요.
"이제 사비성이 코앞이다. 공격할 준비를 단단히 해 두어라!"

백제의 마지막 영웅, 계백 장군

"뭐라고? 13만 당나라군과 5만의 신라군이 코앞까지 왔다고?"
의자왕은 급히 신하들을 불러 모았어요.
"20만에 가까운 대군이 우리 백제로 쳐들어오고 있다. 그동안 내가
나랏일을 소홀히 하여 이 지경이 되었구나.
20만이면 우리 군사들을 다 합친 것보다 많으니 어쩌면 좋겠는가?"
신하들은 입을 꾹 다문 채 아무 말도 못했어요.
"정녕 백제를 구해 낼 방법이 없단 말인가?"
의자왕은 깊은 숨을 내쉬며 한탄했어요.
'아! 내가 성충의 말을 새겨들어야 했는데……. 하지만 이젠 후회해도
소용없는 일. 지금 백제를 구할 충신은 누구일꼬!'
의자왕은 예전의 충신들을 하나둘
떠올려 보았어요.
'그렇지, 내가 귀양을 보냈던
흥수가 있구나. 흥수라면 뭔가
방법이 있을 것이다.'
흥수는 사치와 놀이에 빠져 있던
의자왕에게 성충처럼 바른말을
하다가 먼 곳으로 쫓겨난
충신이었어요.

"어서 흥수에게 가서 백제를 구할 방법을 알아 오도록 해라!"
흥수는 의자왕에게 대군을 막을 수 있는 방법을 알려 주었어요.
"적군은 바다와 육지를 통해 동시에 몰려올 것입니다.
육지로 오는 신라군은 탄현에서 막으십시오.
지형이 좁고 험하니 적들도 함부로 움직이지 못할 것입니다.
바다로 오는 당나라군은 백강 입구 기벌포에서 막으십시오.
이 두 곳만 지키면 적군은 물러나게 될 것입니다."
그러나 신하들은 흥수와 다른 의견을 내놓았어요.
"폐하, 공격이 최선의 방어입니다. 백강 깊숙이 끌어들여 단숨에
공격해야 합니다. 당나라 군사들은 먼 길을 오느라 많이 지쳐 있고
지형에도 어두우니, 우리가 능히 이길 수 있을 것입니다."
"당나라 군사는 13만이오,
우리가 이길 수 있겠소?"
의자왕은 흥수의 계획보다 신하들의
의견을 따르기로 했어요.
당나라 군사들은 순식간에
백강을 지나 사비성으로 왔어요.
의자왕은 당나라와 신라의 연합군이
사비성으로 들이닥치고 있다는
말에 당황했어요.

백제가 당나라와 신라의 공격을 막을 수 있을까?

이미 늦은 것 같은데?

"아, 이제 믿을 건 계백밖에 없다. 어서 계백을 불러오라!"
잠시 후, 백제 최고의 장수로 의자왕과 함께 전쟁터를 누비며
많은 공을 세운 계백이 들어섰어요.
"계백 장군, 이제 믿을 사람은 그대밖에 없소. 부디 저들을 물리쳐 주게."
"폐하, 저의 목숨을 다해 적군을 막고 백제를 지키겠습니다."
계백은 비장한 각오로 부하들에게 말했어요.
"적은 20만에 가까운 대군이다. 우리는 이길 수 없을지도 모른다."
계백은 잠시 말을 멈추고 부하들을 둘러보았어요.
"우리는 목숨이 다하는 순간까지 맞서 싸워야 한다.
우리가 무너지면 백제는 곧 멸망한다. 죽기를 각오한 자만
나를 따르라!"
부하들은 일제히 팔을 높이 치켜
들며 함성을 질렀어요.

▲ 계백 장군 동상

군사 5,000으로 신라와 당나라 연합군에 맞서 싸운 위대한 장군이야.

계백은 전쟁터로 향하기 전 집에 들러 가족들에게 말했어요.
"살아 있으면 신라의 노비가 될 테니, 차라리 지금 떳떳하게 죽어라!"
계백은 죽음을 각오한 군사 5,000명을 이끌고 황산벌로 갔어요.
황산벌에는 이미 신라군 5만 명이 버티고 있었어요.
"황산벌은 사비성으로 가는 중요한 길목이다. 이곳을 신라에 빼앗기면
사비성도 곧 함락될 것이다. 이곳을 반드시 지켜야 한다."
계백과 백제군은 모든 힘을 다해 신라군의 공격을 막았어요.
황산벌에서 네 차례나 승리를 거두었지요.
하지만 열 배가 넘는 신라군을 이길 수는 없었어요.
결국 계백과 5,000의 백제 군사들은 황산벌에서 최후를 맞이했어요.
의자왕은 황산벌 소식을 듣고 탄식했어요.
"아, 계백이 죽다니…… 그럼 이제 백제도 끝이구나!"
의자왕은 사비성을 나와 웅진성으로 몸을 피했어요.
사비성은 둘째 왕자 태가 지켰지만 당나라의 공격을 막아 내지 못했어요.
결국 660년 7월, 의자왕은 웅진성에서 나·당 연합군에 항복했어요.
이로써 온조가 한강 유역에 나라를 세운 지 678년 만에
백제는 멸망하고 말았어요.

백제의 부활을 꿈꾸는 사람들

당나라는 백제 땅을 다섯으로 나누어 도독부라는 당나라식 관청을 세웠어요.
당나라 군사들은 사비성에 머물며 백제 백성을 마구 죽이고 재물을 약탈했어요.
"백제는 우리 땅이니까 우리 마음대로 해도 돼."
"백제는 아직 망하지 않았다!"
백제의 부활을 꿈꾸는 사람들이 여기저기에서 불같이 일어났어요.

무왕의 조카인 복신은 도침과 함께
주류성을 근거지로 삼아 군사를 모았어요.
"왜에 있는 의자왕의 셋째 아들 풍을
임금으로 모시고 다시 백제를 일으키자!"
662년 5월, 풍은 왜군 1만 명을 이끌고
백제로 돌아왔어요.
"지금 임존성에 있는 장군 흑치상지도
3만 명의 군사를 모아 우리가 빼앗겼던 성
200개를 되찾았다고 합니다.
우리 힘을 내서 신라와 당나라
군사를 반드시 몰아냅시다!"

▲ 통일 신라 초기에 만들어진 백제계 불상인
'계유명 삼존 천불비상'

하지만 이러한 단결은 오래가지 못했어요.
복신과 풍이 주도권 다툼을 벌였기 때문이에요. 복신이 부활한 백제의
왕이 되려고 하자, 이를 눈치챈 풍이 복신을 죽이고 말았어요.
백제군들은 내부의 세력 다툼 때문에 자신감을 잃었어요.
엎친 데 덮친 격으로 풍의 백제군은 백강에서 나·당 연합군에 지고
말았어요. 흑치상지 또한 임존성에서 당나라군에 항복했어요.
660년 백제가 멸망하자마자 시작된 저항 운동은
이렇게 3년 만에 끝나고 말았어요.

백제의 수준 높은 유적과 유물

백제의 예술은 삼국 중에서 가장 화려하고 수준이 높기로 유명해요. 백제의 유적과 문화에는 백제 사람들의 온화한 심성과 섬세하고 화려한 솜씨가 잘 나타나 있지요. 그럼 백제만의 독특한 문화 세계가 잘 드러나 있는 유적들을 둘러보아요.

익산 미륵사 터

미륵사지는 우리나라의 절터 가운데 가장 큰 규모로 무왕 때 지어졌어요. 〈삼국유사〉의 기록에 의하면 미륵불을 만난 뒤 짓게 된 것이라고 해요.
하루는 무왕과 왕비(선화 공주)가 용화산 사자사로 행차하던 중 큰 연못 근처를 지날 때 연못 속에서 미륵불이 나타났다고 해요.
그 후 무왕은 연못을 메운 뒤 절을 세웠는데 이 절이 바로 미륵사예요.
무왕은 당시 백제의 최고 기술자들을 모아 미륵사를 정성스럽게 지었다고 해요. 미륵사지는 미륵이 나타나기를 간절히 바라는 백제 사람들의 소망이 깃들어 있는 곳이랍니다.

▲ 미륵사지에 남아 있는 석탑

왕궁 절터에서 발견된 금동 대향로

▲ 금동 대향로

금동 대향로는 능산리 고분군 근처의 절터에서 발견되었어요. 금동으로 된 향로로 몸체와 뚜껑, 받침대가 따로 장식되어 있어요. 향로의 뚜껑 부분에는 봉황이 목에 여의주를 낀 채 날개를 활짝 편 모습이 새겨져 있어요. 그리고 활짝 핀 연꽃 같은 모양을 한 몸체에는 음악을 연주하는 두 사람과 용과 물고기, 사슴, 학 등 여러 종류의 동물이 새겨져 있지요. 받침대에는 살아 움직이는 듯한 용 한 마리가 향로의 몸통을 입으로 받치고 있는 모습이 조각되어 있답니다.
금동 대향로는 당시 백제 사람들의 금속 기술을 짐작해 볼 수 있는 유물로, 세계적인 걸작이라고 할 수 있어요.

🌸 백제 귀족의 문화를 엿볼 수 있는 사택지적비

사택지적비는 백제 의자왕 때 사택지적이라는 사람이 남긴 비석이에요. 높이 101센티미터, 너비 38센티미터, 두께 29센티미터 크기의 화강암에 글을 새겼어요.

사택지적은 자신이 늙어 가는 것을 한탄하며, 세월의 덧없음을 비석에 새겨 놓았지요. 사택지적은 의자왕 때 상좌평이라는 벼슬을 지낸 인물로, 백제 후기의 유명한 귀족 가문 중의 하나였다고 해요.

갑인년(654, 의자왕 14년) 정월 9일
내지성의 사택지적은 몸은 해가 가듯 쉽게 가고
달이 가듯 돌아오기 어려움을 슬퍼하여,
금을 뚫어 진귀한 당을 세우고 옥을 깎아 보배로운 탑을 세우니
그 웅장하고 자비로운 모습은 신령한 빛을 토해 내어 구름을 보내며
찌를 듯이 높게 솟아 슬프고 간절함은 임금의 밝은 지혜를 머금어…….

◀ 문장이나 글자체가 세련된 사택지적비

🌸 백제인의 정신 세계를 엿볼 수 있는 무늬 벽돌

1937년 충청남도 부여군 규암면의 옛 절터에서는 백제 시대 무늬 벽돌이 출토되었어요. 무늬 벽돌은 정사각형에 가까운 형태로 모서리에는 각기 홈이 파여 벽돌들을 연결하여 낄 수 있게 되어 있어요. 8종의 벽돌 무늬를 살펴보면 연화문전은 연꽃무늬, 와운문전은 구름무늬, 봉황문전은 우아한 자태의 봉황, 반용문전은 용의 모습이 율동적이고 생동감 있게 나타나 있어요.

연대귀문전·산수귀문전은 정면으로 서 있는 도깨비 형상을 새긴 것으로, 머리 부분을 크게 묘사하고 있어요.

산수문전은 앞에는 강물이 흐르고 그 뒤로 높고 낮은 산봉우리들이 펼쳐지는 모습을, 산수봉황문전은 산봉우리 위에 구름과 봉황의 모습을 표현하고 있지요.

백제의 유물 중에는 회화가 거의 남아 있지 않은데, 이 무늬 벽돌들은 백제 회화의 면모를 알 수 있게 해 주는 귀중한 자료예요.

▲ 부조 형식의 무늬 벽돌(왼쪽 위부터 차례로 산수문전·산수봉황문전·반용문전·봉황문전이고, 왼쪽 아래부터 차례로 와운문전·연화문전·연대귀문전·산수귀문전)

무왕과 무왕의 아들 의자왕

무왕은 귀족 세력을 약화시키고 왕의 힘을 과시하기 위해 사비성을 쌓고 인공 호수와 섬을 만들었어요. 이런 무왕이 우리나라 최초의 향가인 〈서동요〉의 주인공이에요. 그리고 무왕의 맏아들 의자왕은 백제의 마지막 왕으로, 중국에 끌려가 생을 마쳤지요.

🌸 서동이 지은 사랑의 노래, 서동요

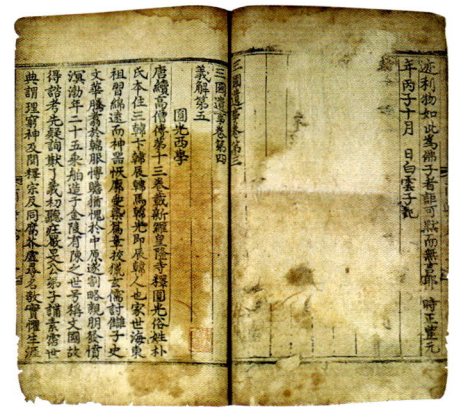
▲ 고려 충렬왕 때 일연이 엮은 역사책, 〈삼국유사〉

〈서동요〉는 신라 진평왕 때 서동이 지었다고 알려진 4구체 형식의 향가예요. 향가는 한자의 음과 뜻을 빌려 적은 '향찰'로 기록한 신라 때의 노래를 말해요. 〈삼국유사〉에는 서동과 선화 공주의 설화가 노래와 함께 실려 있어요.
그런데 이 설화가 나중에 지어진 것이라고 보는 학자도 있답니다. 당시 신라와 백제는 서로 한강을 차지하기 위해 다투던 시기였어요. 그렇기 때문에 나라가 다른 두 사람이 혼인을 했을 리가 없다는 것이지요.

🌸 백제의 마지막 왕과 백제

의자왕은 즉위 초기 누구보다도 나라를 잘 다스렸어요. 직접 군대를 이끌고 나가 넓은 영토를 되찾았고, 고구려와 힘을 합쳐 신라와 싸워 이기기도 했어요. 또 백성들을 잘 다독이는 정치를 폈어요. 외교에도 탁월한 능력이 있어서 중국과도 사이좋게 지냈지요. 하지만 귀족들과 사이가 좋지 않았어요. 의자왕은 귀족들의 세력을 약화시키고 왕권을 강화하려고 했지만, 귀족들의 반발을 사서 내분이 일어났어요.
이 내분을 틈타 신라가 쳐들어왔고, 백제는 황산벌 전투를 끝으로 멸망하고 말았지요.

한눈에 보는 연표

 우리나라 역사
 세계 역사

590

제29대 법왕 즉위 ➡ 599
관륵, 일본에 천문, 지리, ➡ 602
역서, 방술서 등을 전함
605 ⬅ 중국, 수 양제 대운하 짓기 시작

◀ 이슬람 경전인 쿠란 수업

610 ⬅ 무함마드, 이슬람교 창시

고구려, 수의 2차 침입 ➡ 612
(살수 대첩)을 받음
백제, 신라 아모산성 공격 ➡ 616
618 ⬅ 당 건국
629 ⬅ 중국 고승 현장, 인도 여행

살수 대첩
고구려 을지문덕 장군이 수나라 양제의 침입을 살수에서 크게 물리친 싸움이에요.

이후에도 수나라가 두 번이나 더 쳐들어왔지만 모두 실패했대.

630 ⬅ 무함마드, 메카 점령

왕흥사 30년 만에 준공 ➡ 634
637 ⬅ 사라센, 예루살렘 점령
익산 미륵사 석탑 건립 ➡ 640
제31대 의자왕 즉위 ➡ 641
645 ⬅ 일본, 다이카 개신

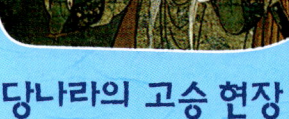

당나라의 고승 현장
당 태종의 명에 따라 〈대반야경〉 등 많은 불전을 번역했고, 인도를 여행한 다음 〈대당서역기〉를 썼어요.

650

651 ⬅ 사산 왕조 페르시아 멸망
의자왕, 서자 41명을 좌평으로 임명 ➡ 657
신라와 당나라의 침략으로 ➡ 660
백제 멸망
661 ⬅ 옴미아드 왕조 성립

▲ 백제 멸망의 아픈 역사를 간직한 정림사지 5층 석탑

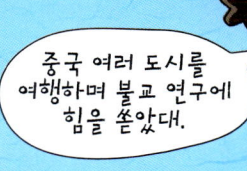

중국 여러 도시를 여행하며 불교 연구에 힘을 쏟았대.